Edivanio Leite

DO EXCESSO NA LEGÍTIMA DEFESA

Direito Penal Parte Geral

2ª Edição

São Paulo
2014

SUMÁRIO

1. Introdução..8
1.1. Da legítima defesa..10
2. Histórico..12
3. O Instituto no Direito Comparado............................15
3.1. Alemanha...16
3.1.1. Espanha...18
3.1.2. Noruega...19
4. A Legítima defesa no Estado brasileiro.....................20
4.1. Evolução histórica..20
4.1.1. Das Ordenações Filipinas...................................20
4.1.2. O Código criminal de 1830................................22
4.1.3. Do Código Penal Republicano...........................23
4.1.4. Do Código Penal de 1940..................................24
4.1.5. O Código Penal de 1969....................................25
5. Do crime e seus elementos......................................26

5.1. Da Tipicidade...27
5.1.1. Da Antijuridicidade ou ilicitude...........................29
5.1.2. Da Culpabilidade...30
6. Das excludentes ou causas de justificação.................32
7. Pressupostos da legítima defesa.............................34
8. Diferença entre Legítima defesa e estado de necessidade..35
9. Hipóteses de cabimento da legítima defesa no Estado brasileiro..36
10. Legítima defesa putativa......................................39
10.1. Legítima defesa subjetiva.................................41
10.2. Legítima defesa sucessiva................................41
10.3. Ofendículos..42
11. O Excesso na legítima defesa...............................43
11.1. Do excesso doloso..43
11.1.1. Do excesso culposo..46
12. Excesso por caso fortuito....................................49
13. Excesso exculpante...51
13.1. Elementos Astênicos (Jurisprudência)..................53
13.1.1. Elementos Estênicos (Jurisprudência)................53

14. Dos excessos julgados pelo tribunal do júri – o cuidado com os quesitos...55
14.1. Excesso culposo...55
14.1.1. Excesso doloso...56
15. A Legítima defesa no Direito Militar........................57
15.1. Excesso culposo...59
15.1.1. Excesso doloso...59
15.1.2. Excesso escusável..60
16. Conclusão..60
17. Bibliografia..64
18. Notas..68

Leite, Edivanio.

Do Excesso na Legítima desfesa / Edivanio Leite – São Paulo: 2014, 2ª edição.

Proibida a reprodução total ou parcial da obra sem prévia autorização do autor.

All Rights reserved ®

À você Cláudia Previato, a minha humilde homenagem.

1. Introdução

O instituto da legítima defesa, no que tange aos excessos utilizados pela vítima, tem causado inúmeros debates nos tribunais brasileiros, bem como no meio acadêmico, pois diferentes são os vários julgamentos proferidos pelos Magistrados, ante à complexidade da matéria.

Todavia, no ordenamento jurídico pátrio, a previsão clara deste instituto, não significa segurança quanto à aplicação na prática, face as atitudes comportamentais diversas da vítima, no instante em que esta transforma-se em agressora.

Como avaliar um comportamento da vítima diante de uma ameaça iminente à sua integridade física? Qual deveria ser sua reação face ao seu eventual carrasco?

É diante de questões como estas deparadas pelos Magistrados e membros do Ministério Público em geral, que serão delineadas no decorrer do presente trabalho, o qual não pretende somente discutir o instituto e seus problemas no tangente ao excesso, mas trazer à tona os possíveis e alegados motivos pelos quais as vítimas utilizam-se imoderadamente dos meios necessários para a defesa de uma agressão injusta como preceitua o Código Penal Brasileiro, bem como o que rezam os estatutos.

Sob à proteção da lei, através do instituto em estudo, é possível o aproveitamento da situação de ameaça para fins de eliminação do agressor e não somente de paralização pela vítima-agente enquanto a autoridade policial não chega ao local para socorrê-la, já que isto significaria um risco ainda maior por provocar no agente um estado emocional maior e mais violento contra a vítima.

Alguns julgados serão de suma importância, já que servirão de suporte as inúmeras indagações feitas durante o decorrer do presente trabalho, mesmo para melhor vislumbrarmos as dificuldades a que são submetidos os Magistrados em geral quanto à matéria.

Os aspectos do julgamento desses casos perante os tribunais do júri, serão importantes já que o assunto é muito debatido nos plenários entre advogados de defesa e representantes do Ministério Público, portanto, sob óticas diferentes, os jurados os quais são lhes designada a tarefa dificílima de julgar nos casos que lhes competem.

1.1. Da legítima defesa
1.1.1. Definição geral

LUIS JIMÉNES DE ASÚA[1], assim define a legítima defesa:

" La legítima defensa es repulsa o impedimiento de la agresión ilegítima, actual o inminente, por el atacado o tercera persona, contra el agresor, sin traspasar la necesidad de la defensa y dentro de la racional proporción de los médios empleados para impedirla o repelerla".

Assim, não é diferente o que atualmente dispõe o art. 25 do Código Penal Brasileiro senão vejamos:

"Art. 25. Entende-se em legítima defesa quem, usando moderadamente dos meios necessários, repele injusta agressão, atual ou iminente, a direito seu ou de outrem".[2]

Trata-se portanto, da autodefesa legitimada através do Estado, o qual é detentor do "jus puniendi" . Essa autodefesa é outorgada pelo Estado ao particular com o fito de suprir a Sua ausência no momento da agressão injusta, atual ou iminente, sendo destarte um direito do cidadão.

Sobre o instituto em tela, o autor Vitorino Prata **CASTELO BRANCO**[3] assim discorre:

" Diante do mal, atual ou iminente, forças atávicas despertam e o ser vivo reage para salvar-se, desde o camaleão que, por mimetismo, muda de cor, adaptando-se à coloração da árvore ou de pedra, para não ser visto, e o polvo que solta na água uma tinta negra para não ser descoberto, até a criatura humana que, diante do ataque ou da ameaça do ataque, reage violentamente. (...) Daí Cícero, no Senado Romano, que a legítima defesa não é uma lei dos homens, mas uma lei natural da vida – "non sed scripta lex, sed nata lex". O homem apenas endossa uma lei natural que preexiste ao Direito e que sempre vigorou no reino animal, desde o mais rudimentar até o homem".

2. Histórico

Para Enrico **ALTAVILLA**[4], a legítima defesa "non há contingenza storica". Já para Nelson **HUNGRIA**[5], "Ela nasceu quando o Estado deixou de se conformar com a instintiva e ilimitada oposição da fôrça contra a fôrça".

Na **Bíblia**[6], em seu Antigo Testamento, no Livro de Êxodo, capítulo 22:2 está escrito:

" Se o ladrão, for achado a minar, e for ferido, e morrer, o que o feriu não será culpado do sangue."

As leis romanas reconheceram largamente o direito à defesa.

Os retóricos incluem, desde os tempos mais remotos, o homicídio cometido com um fim de defesa entre os outros casos de "caedes iuri facta".[7] (**MEDICA**)

LA MEDICA[8], apresenta dois critérios gerais em que se inspira a legislação romana para se reconhecer a legítima defesa:

a) o primeiro critério trata-se da agressão injusta (injusta agressio), a qual é apreciada independentemente da vontade delituosa do agressor; afirma, destarte, que o direito de defesa nasce da necessidade de se conservar a si mesmo (autotutela);

b) o segundo critério é o da necessidade atual de defesa, e esta devia aparecer como simples e absoluta.

Portanto, no caso de inexistência do perigo, não há que se falar em direito de defesa e sim, em sentimento de vingança.

Considerava-se, porém, como ataque atual, não só o começado, mas também o iminente, isto é, o que estava para começar.

Em Roma, o direito de defesa também era utilizado para a defesa da pessoa nos casos em que um ladrão noturno tentava invadir sua propriedade. Porém, este direito sofria certa limitação, o que para sua utilização era necessário que o agente estivesse armado. Diante disso, ou seja, desse perigo, se o proprietário não tivesse outra saída a não ser tirar a vida do agente para defender sua propriedade e sua pessoa, era-lhe facultado este direito.[9]

Outros critérios foram utilizados para este instituto pelo direito romano como:

1) a injustiça da agressão;

2) a atualidade do perigo;

3) a defesa da própria vida;

4) a defesa da honra própria;

5)   a defesa da vida e da honra alheias, concedida unicamente aos parentes e imposta aos servos e aos soldados para os seus senhores e chefes.[10]

3. O Instituto no Direito Comparado

Os códigos penais de vários países colocam a legítima defesa ora como forma genérica de exclusão do crime ou como justificativa, inserindo-a na parte geral do sistema, ora também recorrem a técnica diversa, incluindo-a como causa especial justificativa apenas para tornar legítimos os crimes de morte e os de lesões corporais.[11]

"Os códigos que obedecem à 1ª orientação, em expressiva maioria, podem se apontar o Código alemão, o austríaco, o dinamarquês, o italiano, o holandês, o húngaro, o norueguês, o sueco, União Soviética e os países hispano-americanos em quase sua totalidade.

Já os que obedecem à segunda orientação, são eles: os códigos francês, belga, luxemburguês e, na américa, o da Bolívia, República Dominicana e Haiti."[12]

3.1. Alemanha

Nas antigas leis germânicas, o direito de defesa não é abertamente conhecido e a compositio não passa do embrião desse direito. Era, em regra, admitida para a proteção da vida e da integridade física, e, por vezes, também dos bens. A lei não regulava a defesa dos estranhos.[13]

São fontes da legítima defesa no direito germânico o § 32 do StGB (código penal) e o artigo 2º, § 2º da Convenção dos direitos humanos europeus, de 4 de novembro de 1950.

LINHARES, citando **SCHOENKE-SCHRÖEDER**[14] e **MAURACH**[15], diz que, segundo essa Convenção, a qual foi transformada em lei federal em 17 de agosto de 1972, a morte cometida em estado de legítima defesa é lícita, desde que exercitada contra o uso de um recurso ilícito à força.[16]

LINHARES, citando **SAUER**[17], esclarece que, a legítima defesa, no direito alemão, protege não só os direitos materiais contra ataque atual e antijurídico, mas também tem eficácia relativamente aos direitos de ordem (disciplina, regulamentos, etc.). Abrange a honra, a vida, a liberdade e o valor das coisas, inclusive com respeito a posse.

"Sobre o excesso, é estimado como injusto, porque não atende à medida da necessidade. Nos casos de extremo temor ou medo, atua como causa de exclusão da culpabilidade, já que a possibilidade de agir de outro modo é dificultada pela excitação." [18]

3.1.1. Espanha

No direito codificado espanhol, iniciou-se o instituto a partir das Partidas como segue:

" **PARTIDA VII. TÍTULO VIII. DOS HOMICÍDIOS. LEI II** – Como aquele que mata outro deve sofrer pena de homicídio se o não fizer em defesa (...) Se então aquele a quem se acomete vier a matar aquele que, por qualquer dessas formas, o queira matar, não incorrerá em pena alguma, porque é coisa natural e muito razoável que todo homem tenha o poder de amparar sua pessoa contra a morte que alguém lhe queira dar..."[19]

Com o advento do código de 1848, adotou-se na Espanha a fórmula geral de defesa própria a de um parente e a de um estranho, que permanece até a atualidade.[20]

3.1.2. Noruega

O código norueguês define a legítima defesa como ato que em tese punível, é praticado em repulsa a uma agressão ilegal, na medida em que ela não exceda o que for necessário, e desde que, levando-se em conta a gravidade do ataque, o grau de culpa do agressor e o bom direito da vítima, não possa ser considerada, dita repulsa, como absolutamente inadmissível, causando um dano tão considerável como aquele visado pelo ato (art. 48)[21]

4. A Legítima defesa no Estado brasileiro

4.1. Evolução histórica

4.1.1. Das Ordenações Filipinas

Também conhecido como Ordenações e leis do reino de Portugal, o código filipino previa legítima defesa em seu Livro quinto, Título XXXV, assim dispondo:

"... Porém, se a morte for em sua necessária defensão, não haverá pena alguma, salvo se nella excedeo a temperança, que devêra e poderá ter, porque então será punido segundo a qualidade do excesso."[22]

Como previa a lei da época, o ato de temperança deveria ser observado, sendo este ato sinônimo de moderação no sentido jurídico da palavra.

Algo interessante nas Ordenações Filipinas era a permissão do marido em matar a esposa que estivesse em adultério juntamente com o amante. A tal conduta era considerada lícita, exceto se o marido traído fosse "peão", e o adúltero conhecido por pessoa de renome na sociedade, como rezava o Título XXXVIII, do Livro quinto da lei supra referida.
Assim, lícito era o homicídio praticado em caso de adultério, no que significava a exclusão da ilicitude. Nos demais casos, falava-se somente em isenção de

pena.

4.1.2. O Código criminal de 1830

No Código criminal do império, o instituto da legítima defesa passou a ser justificável, conforme descrito nos parágrafos 2º, 3º e 4º do artigo 14, onde o crime praticado em defesa própria ou de seus direitos, bem como em defesa da família do agente[23].

Assim, eliminava-se a punição deste, desde que é claro, incorresse simultaneamente nas condições de: certeza do mal que os delinqüentes se propusessem em evitar; falta absoluta de outro meio menos prejudicial e mais, não deveriam os delinqüentes ter promovido provocações ou outro delito que ocasionasse o embate[24].

O diploma supra referido, no que tange aos casos de adultério desautorizou a morte da mulher, considerando-a, somente em seu art. 18, § 4º, como circunstância atenuante.

4.1.3. Do Código Penal Republicano

Com o advento da nova Lei Penal Republicana, através do decreto nº 847, de 11 de outubro de 1890, houve modificação quanto ao instituto em tela, adotando-se o caráter de causa excludente do crime.[25]

Com o intuito de amparar o agredido com o instituto da legítima defesa, o artigo 32, § 2º da lei supra, dispunha a não limitação à proteção da vida, cercando todos os direitos passíveis de lesão, julgando "não-criminosos" os que praticassem o crime em defesa legítima, própria ou de outrem.

O Código penal republicano da época, trouxe em seu bojo a legítima defesa presumida, equiparando-a àquela defesa própria ou de terceiro, se o fato utilizado na repulsa daqueles que à noite adentrassem ou tentassem entrar na casa de residência ou onde alguém estivesse, nos pátios ou nas dependências dela, se fechadas, ressalvadas as hipóteses de permissão legal; bem como o fato cometido em resistência a ordens legais, não sendo excedidos os meios indispensáveis para impedir-lhes a execução.[26]

4.1.4. Do Código Penal de 1940

Neste código, o estado de necessidade veio disciplinado no artigo 20 e a legítima defesa no artigo 21.

Porém, no parágrafo único do artigo 21, houve menção expressa ao excesso na legítima defesa culposa com a seguinte redação:

"O agente que excede culposamente os limites da legítima defesa, responde pelo fato, se este é punível como crime culposo."[27]

Na exposição de motivos[28] do mencionado código, o Ministro Francisco Campos, explica que:

"A questão do excesso na legítima defesa é resolvida no parágrafo único do artigo 21: se o excesso é culposo, responde o agente por culpa, se a este título é punível o fato. Corolário, a contrario sensu: se o excesso é conscientemente querido, responde o agente por crime doloso, pouco importando o estado inicial da legítima defesa"[29]

Deve ser observado que o excesso foi estipulado apenas no tocante à legítima defesa, esquecendo-se o legislador do estado de necessidade. g. Código Penal de 1969.

4.1.5. O Código Penal de 1969

Este disciplinou o excesso para qualquer excludente de ilicitude no artigo 30 e seus parágrafos, sendo que no caput foi regulamentado o excesso culposo, no parágrafo 1º o excesso escusável e, no § 2º o excesso doloso, sendo causa de diminuição de pena e, no Código Penal de 1984, houve a estipulação do excesso doloso e culposo para todas as excludentes de ilicitude (art. 23, parágrafo único), modelo que persiste até a presente data.

"Art. 23 - Não há crime quando o Agente pratica o fato:

I – em estado de necessidade;

II – em legítima defesa;

III – em estrito cumprimento de dever legal ou no exercício regular de direito.

Parágrafo único - O agente, em qualquer das hipóteses deste artigo, responderá pelo excesso doloso ou culposo."

5. Do crime e seus elementos

INACIO BELINA FILHO[30] citando o ilustre professor **HELENO CLÁUDIO FRAGOSO**:

A prime facie, é mister salientar, que o crime ou delito (nomenclaturas sinônimas) é um fenômeno social, conforme preleciona o eminente, é o crime um desvalor da vida social, ou seja, uma ação ou omissão que se proíbe e se procura evitar, ameaçando-a com pena, porque constitui ofensa (dano ou perigo) a um bem, ou a um valor da vida social. O conteúdo daquele desvalor social é substancialmente dado pelo dano ou exposição a perigo de um bem jurídico.

Os bens jurídicos (vida, liberdade, patrimônio, integridade sexual, etc), portanto, consistem na essência maculada pelo crime."

5.1. Da Tipicidade

"O tipo penal é o modelo de comportamento proibido, em observância ao princípio do nullum crimen sine lege, estatuído na parte geral do Código Penal Pátrio, no artigo 1º:" [31]

Não há crime sem lei anterior que o defina. Não há pena sem prévia cominação legal.

"Tipo, o próprio nome indica: é o padrão de conduta elegido pelo Estado como danoso à sociedade, por isso, por melhor segurança, previsto em leis, atribuindo-se a essas condutas, uma sanção penal, a título de reprimenda."[32]

"O tipo penal é um instrumento legal, logicamente necessário e de natureza predominantemente descritiva, que tem por função a individualização de condutas humanas penalmente relevantes."[33]

Estando alinhavadas as primeiras premissas sobre o tipo penal, é necessário ressaltar como utilizá-lo no dia a dia forense. Para tal, basta exercitar um juízo de comparação, ou seja, se não há similitude entre o fato da vida e o tipo legal, não se cumpriu o primeiro dos elementos do crime, concluindo – se tratar de um fato atípico, indiferente ao direito penal, entretanto, se houver uma convergência dos elementos subjetivos e objetivos, do fato da vida em relação tipo legal, estar-se a diante de um fato inicialmente criminoso. Esse juízo de comparação é denominado de tipicidade, isto é, o ajuste entre o concreto e o abstrato. Uma vez estabelecida a tipicidade, primeiro elemento do crime, encaminha-se o estudo para a análise da antijuridicidade ou ilicitude." [34]

5.1.1. Da Antijuridicidade ou ilicitude

A antijuridicidade tem sido compreendida como a relação de divergência entre certo fato da vida e o ordenamento jurídico. Aprofundando o tema, destaca-se as palavras de **ASSIS TOLEDO**[35]:

"A relação de antagonismo que se estabelece entre uma conduta humana voluntária e o ordenamento jurídico, de sorte a causar lesão ou expor a perigo de lesão um bem jurídico tutelado."

Em sua lição, o eminente mestre fez alusão à conduta humana voluntária, centrando-a na ação ou omissão humana, desprezando com isso, a responsabilidade penal da pessoa jurídica (não há nesta, a voluntariedade da conduta).[36]

5.1.2. Da Culpabilidade

Questão debatida ao longo dos tempos e longe de consenso, diz respeito à natureza do juízo de reprovação, chamado de culpabilidade.

A culpabilidade não pode ser estabelecida dentro do conceito de crime, tratando-se de pressuposto para a aplicação da pena, todavia, segundo a doutrina majoritária e de maior relevo, a culpabilidade está sim, bem situada, na teoria geral do crime. [37]

Portanto, seguindo a opinião amplamente predominante, é oportuno o estudo de tal instituto, no presente momento, devendo-se entender, que a culpabilidade é a reprovabilidade da configuração de vontade, estando oportunizado ao homem, o agir de outra maneira. O juízo de proibição incide sobre o comportamento humano típico e ilícito, é individual, diante das peculiaridades intrínsecas à cada, verificando se em um dado momento, sob circunstâncias exógenas e endógenas, a faculdade de agir de outra forma."[38]

Após o exame deste tripé, cumpre responder a uma indagação: todo fato típico, ilícito e culpável é passível de reprimenda? Em tese sim, desde que não incida as chamadas causas de justificação ou ainda as causas de exculpação, aliás, situações excepcionalíssimas. [39]

6. Das excludentes ou causas de justificação

As causas de justificação estão arraigadas por vários diplomas legais, o que contraria a idéia simplista de previsão exclusiva no artigo 23 do Código Penal Pátrio. Além desse tratamento legal, nota-se a presença das causas, no artigo 128 do mencionado diploma, no artigo 301 do Código de Ritos e inclusive no artigo 1210, § 1° do Código Civil, o que insofismavelmente, demonstra o reconhecimento por legislador de situações que fogem ao controle do Estado.

Tais causas podem ser classificadas em três grandes grupos:

1) causas que defluem de situação de necessidade (legítima defesa e estado de necessidade);

2) causas que defluem da atuação do direito (exercício regular de direito, estrito cumprimento do dever legal);

3) causa que deflui de situação de ausência de interesse (consentimento do ofendido).

É inquestionável que de todas as excludentes apresentadas, a legítima defesa é ainda, a que provoca intensos debates e maior uso no cotidiano do foro criminal.

7. Pressupostos da legítima defesa

O artigo 25 da Lei nº 7209, de 11 de julho de 1984, nova parte geral do código penal brasileiro trouxe os seguintes requisitos:

"Art. 25 - Entende-se em legítima defesa quem, usando moderadamente dos meios necessários, repele injusta agressão, atual ou iminente, a direito seu ou de outrem."

Para melhor compreensão:

a)   agressão injusta, atual ou iminente;

b)   repulsa à agressão;

c)   uso moderado dos meios necessários à repulsa;

d)   defesa de direito próprio ou de terceiro.[40]

Na doutrina percebe-se que o primeiro requisito para que haja legitimação para a defesa própria ou de outrem, é o fato de alguém necessitar de repelir uma agressão injusta.

Assinala **MAGGIO**[41] com clareza que:

"(...) agressão injusta é aquela contrária à ordem jurídica, é a agressão não autorizada pelo Direito."

8. Diferença entre Legítima defesa e estado de necessidade

Na legítima defesa há uma reação em face de uma agressão, enquanto no estado de necessidade existe ação em razão de um perigo e não de uma agressão. Portanto, a legítima defesa só é válida contra uma agressão humana. Já o estado de necessidade decorre de uma ação de qualquer outra causa que não seja uma agressão por parte de alguém.[42]

Assim, exemplifica **MAGGIO**[43], que se alguém estiver na iminência de sofrer um ataque ou já estiver sendo atacado por um animal, e este indivíduo o repele matando-o, haverá neste caso, estado de necessidade e não legítima defesa.

Para que a agressão provoque a repulsa mencionada na Lei penal brasileira é necessário que ela ponha em perigo o bem jurídico tutelado.[44]

A reação que encadeiará o direito de defesa, é a ameaça à integridade física da vítima, a sua vida principalmente.

Deve-se observar a proporção da reação da vítima, pois se diante de uma agressão justa, desde logo estará desconstituído o instituto da legítima defesa.[45]

9. Hipóteses de cabimento da legítima defesa no Estado brasileiro

Segundo **FERNANDO CAPEZ**[46], há cinco hipóteses de cabimento a saber:

"(...)

a)	Cabe legítima defesa real contra legítima defesa putativa.

Ex.: uma pessoa atira em um parente que esta entrando em sua casa, supondo tratar-se de um assalto. O parente, que também esta armado, reage e mata primeiro o agressor;

b)	Cabe legítima defesa putativa contra legítima defesa real (ex.: "A" é o agressor, "B" é a vítima. "A" começa a agredir "B" e este começa a se defender. "C" não sabe quem começou a briga e age em legítima defesa de "A", agredindo "B").

c) Cabe legítima defesa putativa contra legítima defesa putativa; legítima defesa putativa é aquela imaginada por erro. Os agentes imaginam haver agressão injusta quando na realidade esta inexiste. Ex: quando dois desafetos se encontram e, equivocadamente, acham que serão agredidos um pelo outro;

d) Cabe legítima defesa real contra agressão culposa; isto porque ainda que a agressão seja culposa, sendo ela também ilícita, contra ela cabe a excludente;

e) Cabe legítima defesa real contra agressão de inimputável.

Para **NUCCI** [47] tal hipótese é cabível, pois a lei exige apenas a existência de agressão injusta. Os inimputáveis podem agir voluntária e ilicitamente, embora não sejam culpáveis.

Para agir contra agressão de inimputável, exige-se, no entanto, cautela redobrada, porque nesse caso a pessoa que ataca não tem consciência da ilicitude de seu ato

E ainda exemplifica **CAPEZ**:

"P.: Cabe legítima defesa real contra legítima defesa subjetiva (é o excesso plenamente justificável, ou seja, um excesso que não pode ser justificado nem por dolo nem por culpa)?

R.: Em tese, caberia, visto que, a partir da continuidade da agressão, a vítima torna-se agressora. Para a jurisprudência, entretanto, não é aceita, porque não pode invocar a legítima defesa quem iniciou a agressão."[48]

10. Legítima defesa putativa

Segundo a melhor doutrina, entende-se por excludentes putativas as excusas absolutórias, também denominadas causas de justificação ou causas de inculpabilidade em que o autor, em razão de uma estrutura errônea do campo físico em sua conduta alega inculpabilidade pelo ato antisocial praticado.[49]

Para melhor entendimento, o autor da ação ao praticá-la, vislumbra tão- somente a iminência de uma agressão injusta, putativa, portanto. E, neste mesmo momento, ante esta concepção, defende-se instintivamente, trocando sua própria vida pela do agressor. Na legítima defesa putativa o agente supõe uma situação fática, que se existisse tornaria a ação legítima.[50]

ALTAIR VENZON, cita jurisprudência do Egrégio Tribunal Federal no sentido de que:

" Se o erro de fato, na legítima defesa ativa, exclui a punibilidade do homicídio intencional, também justifica o ato que, na hipótese menos favorável, só poderá ser qualificado como crime culposo."[51]

A decisão supra referida, entretanto, não exclui a hipótese do reconhecimento do excesso culposo na legítima defesa putativa, consoante decidiu o extinto Tribunal de alçada criminal de São Paulo, em apelação-crime, relatada pelo juiz Azevedo Júnior, quando declarou que:

"incide em excesso de defesa quem, julgando-se objeto de ataque físico injusto e iminente, dispara arma de fogo contra ofensor desarmado e ébrio em direção à região perigosa do corpo. Atingido o agressor, responde o réu culposamente pelas lesões que tenha ocasionado."[52]

10.1. Legítima defesa subjetiva

É excesso por erro de tipo escusável, ou seja, quando o agente, por erro, supões ainda existir a agressão e, por isso, excede-se. Nesse caso, excluem-se o dolo e a culpa (art. 20, § 1º, 1ª parte).

"Art. 20 – O erro sobre elemento constitutivo do tipo legal de crime exclui o dolo, mas permite a punição por crime culposo, se previsto em lei.

§ 1º - É isento de pena quem, por erro plenamente justificado pelas circunstâncias, supõe situação de fato que, se existisse, tornaria a ação legítima. (...) "

10.2. Legítima defesa sucessiva

Vem a ser a repulsa do agressor inicial contra o excesso. Este indivíduo, o qual estava inicialmente se defendendo, no momento do excesso, passa a ser considerado agressor, de forma a permitir legítima defesa por parte do primeiro agente agressor.

10.3. Ofendículos

Segundo Júlio Fabrini **MIRABETE**, Os ofendículos (ofendicula, ofensacula) são aparelhos predispostos para a defesa da propriedade (arame farpado, cacos de vidro em muro etc) visíveis e a que estão equiparados os "meios mecânicos" ocultos (eletrificação de fios, de maçanetas de portas, a instalação de armas prontas para disparar è entrada de intrusos etc.). Trata-se, para nós, de exercício regular de direito. Na doutrina, contudo, comum é assertiva de que se trata de legítima defesa predisposta ou preordenada. Para quem exige o elemento subjetivo nas justificativas, parece-nos discutível a aceitação deste último, pois a consciência da conduta deve estar presente com relação ao fato concreto. Garantindo a lei a inviolabilidade do domicilio, exercita o sujeito uma faculdade ao instalar os ofendículos, ainda que não haja agressão atual ou iminente. Evidentemente, há que não se atuar com excesso (eletrificação de cerca externa, por exemplo), devendo o agente responder, neste caso por crime doloso ou culposo [53].

11. O Excesso na legítima defesa

FERNANDO CAPEZ assim define o excesso na legítima defesa:[54]

"Excesso é uma intensificação desnecessária, ou seja, quando se utiliza um meio que não é necessário ou quando se utiliza meio necessário sem moderação. Se o excesso for doloso, não caracteriza a legítima defesa. O excesso é culposo quando há intensificação por imprudência. Caso não se caracterize nem o dolo nem a culpa do excesso, verifica-se a legítima defesa subjetiva."

11.1. Do excesso doloso

A Reforma Penal de 1984 prevê a punibilidade do excesso em relação a todas as excludentes de antijuridicidade, ao contrário da redação do Código Penal Brasileiro de 1940 , que se limitava a prever somente quanto à legítima defesa.[55]

Existe o excesso punível quando alguém repele à agressão excedendo-se na repulsa, seja valendo-se de meios superiores aos necessários, seja não os utilizando com moderação. Este excesso, portanto, é punível na forma do artigo 23 do CP. No entanto, se o excesso for doloso, o sujeito responderá pelo que excedeu, a título de dolo; se foi culposo, a título de culpa, caso o excesso constitua, em si, delito culposo.[56]

Com efeito, os excessos (tanto culposos como dolosos) são passíveis em qualquer modalidades de excludentes e, pode decorrer inclusive de caso fortuito (quando então se afastará a responsabilidade penal), por isto, chamado de excesso exculpante.[57]

DIOGO CUNHA LIMA FERNANDES[58], assim explica:

"Para análise do excesso, é indispensável que a situação inicial seja caracterizada com a presença de uma das excludentes, cujo exercício, em segundo momento, mostre-se excessivo.

O excesso doloso ocorre quando agente atua deliberadamente, aproveitando-se da situação excepcional que lhe permite agir, para exacerbar, e impor um sacrifício maior do que é estritamente necessário à salvaguarda do direito ameaçado ou lesado.

Configurado o excesso doloso, responderá o agente dolosamente pelo fato praticado, beneficiando-se apenas da circunstância atenuante prevista no art. 65, II, c CP , ou com a minorante prevista no art. 121, §1º, do Código Penal, quando for o caso."

11.1.1. Do excesso culposo

"Será culposo o excesso quando for involuntário e decorrente de erro do tipo escusável ou de erro de proibição evitável (quanto aos limites da excludente).

Só ocorre o excesso culposo decorrente de erro, fruto de uma avaliação errônea ou equivocada do agente, e quando as circunstâncias que lhe privam de avaliar de forma adequada.

Só é punível o excesso culposo quando houver a modalidade culposa, e decorrente das elementares da culpa (por negligência, imprudência ou imperícia).

Os efeitos civis da legítima defesa igualmente são previstos no art. 188 do Novo Código Civil, assim quem age em legítima defesa não pratica ato ilícito capaz de suportar a obrigação de indenizar. Assim a legítima defesa também afasta a responsabilidade civil." [59]

Não assiste ao agressor que vier a sofrer danos, o direito de pedir indenização contra aquele que atuou em defesa lícita de seu bem ou interesse, faz cessar a injusta agressão que era levada a termo.[60].

"É claro que quem atua em legítima defesa ou estado de necessidade quer o resultado, isto é, age dolosamente. Se, uma vez cessada a agressão, ou a situação de necessidade, o sujeito prossegue atuando, o faz também querendo o resultado e, portanto, prossegue atuando dolosamente.

Assim, o excesso pode ser doloso, hipótese em que o sujeito, após iniciar sua conduta conforme o direito, ultrapassa seus limites na conduta, querendo um resultado antijurídico desnecessário ou não autorizado legalmente, respondendo o agente pelo evento causado no excesso. Por exemplo, aquele que, podendo ferir, mata a vítima, responderá por homicídio."[61]

Todavia, a legislação pune também o excesso culposo, o que caracteriza certo antagonismo.

Segundo a doutrina, o "excesso culposo" ocorre quando o agente queria um resultado necessário, proporcional, mas o excesso provém de sua desatenção, assim, o agente responderá por crime culposo apenas pelo resultado ocorrido em decorrência do excesso, se previsto em lei.

É certo, porém, que esta explicação não encontra amparo em toda a doutrina, neste sentido, **EUGENIO RAÚL ZAFFARONI** e **JOSÉ HENRIQUE PIERANGELLI**, citados por **ANDRÉ RENATO SERVIDONI**[62] asseveram que:

"A única explicação plausível para o chamado "excesso culposo" é o de que se trata de uma ação dolosa, mas que, aplicando-se a regra da segunda parte do §1o do artigo 20, a lei lhe impõe a pena do delito culposo.

Em face da definição de dolo do artigo 18, não se pode dizer jamais que, para a nossa lei, o chamado "excesso culposo" seja uma conduta culposa, e sim que o "culposo", no máximo, seria o excesso, mas nunca a ação que causa o resultado, posto que, a se admitir o seu caráter culposo, se estaria incorrendo numa flagrante contradição intra legem."

No caso do excesso decorrer de caso fortuito, a doutrina admite que o agente fique isento de culpa e pena.

O excesso intensivo é o que se refere à espécie dos meios empregados ou ao grau de sua utilização, podendo excluir a culpabilidade, que subsiste quando o excesso é extensivo, ou seja, quando não há, ou não há mais, a agressão.[63]

Na legislação alemã, o excesso proveniente de medo ou susto, denominado excesso intensivo, é considerado como causa de exclusão da culpabilidade. A doutrina, por fim, vem admitindo a existência do excesso exculpante na legítima defesa, nos casos do excesso provir de caso fortuito e de erro de proibição, sendo uma causa de exclusão da culpabilidade, como na legislação alemã.[64]

12. Excesso por caso fortuito

VENZON, citando **CARRARA**[65], esclarece que o "caso fortuito é um acontecimento imprevisível e inevitável".

"O conceito não foi estranho ao Direito romano que considerava todo acontecimento estranho à culpa do homem.

Pela etimologia, o fortuito (do latim fortuitu) significa o casual, o acidental, o eventual; significa o inspirado, o imprevisto.

Tudo o que ultrapassa os limites da culpa sob o ponto de vista penal, in strictu sensu – e não é relacionado como culpável, constitui o fortuito, ainda que materialmente subsista a causalidade.

É possível que, no momento da repulsa a uma agressão atual ou iminente e injusta de outrem, sobrevenha um acontecimento imprevisível e inevitável. Pode decorrer de fenômenos naturais, por exemplo, metereológicos: um raio, um tremor de terras, um desabamento etc. Ainda, pode decorrer de fatos humanos, vinculados à ação do homem e suas falhas: um incêndio, uma queda de avião, uma violência desportiva.

Se o fato ocorrer no momento da reação a uma agressão atual ou iminente e injusta de outrem, estará configurada a legítima defesa."[66]

É nesse sentido a decisão do Egrégio Supremo Tribunal Federal, que conclui:

"Reconhecendo o excesso de defesa como não culposo e não tendo sido questionado o júri sobre a dolosidade de tal excesso, fica-se na dúvida quanto ao fato de ter sido a imoderação dolosa ou meramente casual e, como na dúvida prevalece a liberdade, deve ser reconhecido que esse excesso tenha sido resultante de "caso fortuito" ou isento de qualquer culpabilidade, absolvendo-se o acusado."[67]

DAMÁSIO DE JESUS[68], citado por **VENZON**[69], afirma que:

" Se o excesso deriva de caso fortuito, subsiste a legítima defesa."

13. Excesso exculpante

Conforme bem explicaram **HUNGRIA** e **FRAGOSO**[70], existem, na conduta do agente, elementos astênicos e elementos estênicos:

Os elementos estênicos, segundo os doutrinadores supra, compreendem o ódio, excitação, ciúme e inveja.

Já os elementos astênicos, compreendem o medo, perturbação, susto e surpresa.

Portanto, se o excesso é cometido sob a influência dos estados estênicos, o agente é punível.

Caso haja influência dos estados astênicos, o excesso é escusável.[71]

Como explica **VENZON**, a agressão cuja reação é comandada por relevante causa subjetiva atuando sobre a vontade, - elementos astênicos – não é punível (excesso escusável).[72]

A reação excessiva, cujas conseqüências são previsíveis, identifica uma reação culposa e, neste caso, o agente responde por crime culposo.[73]

13.1. Elementos Astênicos (Jurisprudência)

"É possível que o réu se tenha excedido na repulsa. Mas, diante do estado de <u>perturbação</u> (grifo do autor) em que devia se achar, face a brutal agressão a seu filho, naquela situação, é natural que não se tenha podido conter nos apertados limites do "moderamen". Ao que parece, agiu com excesso na escolha dos meios ou em seu uso. Não com aquele excesso criminoso na causa, fruto de vingança maligna ou de um impulso de perversidade."[74]

13.1.1. Elementos Estênicos (Jurisprudência)

" Júri. Legítima Defesa. Excesso Culposo.
O Entendimento De Que Ocorreu Nulidade Em Face Da Inclusão No Questionário, Pelo Magistrado, De Perguntas Sobre O Excesso Culposo, Aliás Respondidas Afirmativamente Pelos Jurados, Deve Ser Positivado Através De Argüição Feita Logo Após A Leitura Dos Quesitos, Para Consignação Em Ata. A Essas Providências Preparatórias, Deve-Se Somar A

Especificação, No Apelo, Do Fundamento Legal Autorizador Do Pedido De Reconhecimento Da Nulidade Pretendida. <u>Decidem Os Jurados Contra A Prova Dos Autos, Manifestamente, Ao Entenderem, Após Negada A Moderação</u> Existente No Quadro Configurador De "Excessus Defensionis" Sob A Modalidade Culposa, Quando O Próprio Réu Afirmou, Perante As Testemunhas, Ao Ser Preso Em Flagrante, Que Agira Impelido Por Sentimento De Vingança."[75] (grifo do autor)

14. Dos excessos julgados pelo tribunal do júri – o cuidado com os quesitos

Nos crimes de competência do Tribunal do Júri, mister se faz que haja muita atenção quanto a confecção dos quesitos no tangente aos excessos na legítima defesa, pois no caso de interpretação errônea de algum quesito, diversa do pretendido, corre, o réu, o risco de ser prejudicado por uma decisão proveniente de entendimento equivocado.

Neste sentido, a jurisprudência é rica em exemplos como os casos abaixo exemplificados:

14.1. Excesso culposo

"Negada a legítima defesa, ficam prejudicados os quesitos a respeito do excesso culposo e da moderação."[76]

14.1.1. Excesso doloso

"Tribunal do Júri. Não constitui nulidade do julgamento a falta de quesito sobre o excesso doloso; uma vez negado o excesso culposo, a hipótese de causalidade é afastada pela resposta afirmativa aos quesitos anteriores ao uso moderado dos meios necessários, cuja resposta negativa autorizou o questionamento sobre o excesso culposo."[77]

15. A Legítima defesa no Direito Militar

A legislação militar[78] traz também o instituto da legítima defesa em seus artigos 42 e 43.

"Art. 42. Não há crime quando o agente pratica o fato:

I - em estado de necessidade;

II - em legítima defesa;

III - em estrito cumprimento do dever legal;

IV - em exercício regular de direito.

Parágrafo único. Não há igualmente crime quando o comandante de navio, aeronave ou praça de guerra, na iminência de perigo ou grave calamidade, compele os subalternos, por meios violentos, a executar serviços e manobras urgentes, para salvar a unidade ou vidas, ou evitar o desânimo, o terror, a desordem, a rendição, a revolta ou o saque.

Estado de necessidade, como excludente do crime

Art. 43. Considera-se em estado de necessidade quem pratica o fato para preservar direito seu ou alheio, de perigo certo e atual, que não provocou, nem podia de outro modo evitar, desde que o mal causado, por sua natureza e importância, é consideravelmente inferior ao mal evitado, e o agente não era legalmente obrigado a arrostar o perigo."

15.1. Excesso culposo

Sobre o excesso culposo reza o artigo 45:

"Art. 45. O agente que, em qualquer dos casos de exclusão de crime, excede culposamente os limites da necessidade, responde pelo fato, se este é punível, a título de culpa".[79]

15.1.1. Excesso doloso

Assim dispõe o artigo 46 do CPM:

" Art. 46. O juiz pode atenuar a pena ainda quando punível o fato por excesso doloso".[80]

15.1.2. Excesso escusável

O artigo 45, em seu parágrafo único, trata do excesso exculpante da seguinte forma:

" Parágrafo único. Não é punível o excesso quando resulta da escusável surpresa ou perturbação de ânimo, em face da situação".[81]

16. Conclusão

O instituto da Legítima Defesa como já explanado, é o direito do ser humano de exercer a autotutela em defesa da sua integridade física e moral, quando ameaçada por outrem injustamente. Esse exercício somente será amparado se, a agressão for injusta, atual ou iminente.

 A Legítima defesa é ato natural e instintivo de sobrevivência. O homem, como um animal, que sentindo-se ameaçado, ataca ferozmente com o fim de defender-se, não importando quem o ameaçou.

É a ação criminosa de caráter lícito, pois trata-se de direito a integridade física, a qual, nem sempre pode ser amparada pelo Estado, já que este não tem condições de estar em todos os lugares, bem como não poderá prever as mais variadas situações de perigo à pessoa a fim de defendê-as.

Além da utilização do instituto para a defesa própria, este pode ser usado também para a defesa de outrem. É o caso do marido que flagrando um parente seu, sob a ameaça de um delinqüente deseja libertá-lo da situação de perigo, e pratica em defesa deste, um crime.

No entanto, há limites para o exercício desse direito, ou seja, uma barreira a qual não se deve ultrapassar, sob pena desse direito perder sua validade, transformando a vítima em agente criminoso.

Essa barreira advém do uso imoderado dos meios necessários para a defesa legítima, pois do contrário, caracterizar-se-á o excesso o qual poderá ser punível ou escusável.

Punível, quando a vítima-agente comete o excesso consciente de que o faz, ou seja, age com dolo.

No excesso doloso, o indivíduo aproveita-se da vantagem de um meio necessário, às vezes, até mais que necessário para a sua defesa própria. Quando ocorre esse excesso, ultrapassa, a vítima-agente, a linha divisória que separa a legítima defesa do ato criminoso (delituoso).

Escusável, quando o excesso decorrer de sentimentos incontroláveis ou inevitáveis pelo indivíduo, como no caso de alguém que agindo sob à influência de incontrolável pânico, susto, pavor, excede na utilização do instituto, sem o dolo, mas simplesmente por "instinto natural" de defesa.

Tal instituto merece um estudo mais aprofundado e cuidadoso por parte dos doutrinadores e da jurisprudência, justamente porque o seu surgimento advém da desproporcionalidade do uso das excludentes de ilicitude, com extrema subjetividade.

Difícil é a tarefa dos Magistrados, membros do Ministério Público e Advogados, na detecção, às vezes, se realmente houve num caso qualquer, o excesso doloso ou culposo, mais ainda o escusável, pois não é fácil de se provar que um indivíduo agiu excessivamente, porém sem dolo.

A jurisprudência é rica em quase todas as modalidades de legítima defesa, pois como já dito alhures, no excesso escusável é tão difícil a caracterização que praticamente não existe julgados nesse sentido.

Dificuldade também há para os jurados, em entenderem a essência dos quesitos que lhes são apresentados e que tratam em especial, sobre a culpabilidade do delinqüente. Pode-se inclusive, haver absolvição pelo Júri em casos em que as provas dos autos são totalmente contrárias a resposta dos jurados aos quesitos.

Em suma, nos casos onde o julgamento fica a cargo de pessoas leigas em princípios basilares do Direito, põe-se em xeque, às vezes, a liberdade de um indivíduo, que em sua defesa no plenário, nada poderá fazer diante da impossibilidade de interpretação pelos jurados de seu real sentimento na hora do crime.

17. Bibliografia

ALMEIDA, Cândido Mendes de. Código filipino ou ordenações e leis do reino de Portugal. Rio de Janeiro: 1870

ASÚA, Luis Jimenes de. Tratado de derecho penal. Tomo IV – la culpabilidad y su exclusión, 3ª edición – Buenos Aires:Losada, 1962.

BITENCOURT, Cezar Roberto. Manual de Direito Penal – Parte Geral. 4ª ed., São Paulo: Revista dos Tribunais, 1997.

CAPEZ. Fernando, Apostila curso de direito penal á distância, Módulo VI. São Paulo: Complexo Jurídico Damásio de Jesus.

CARRARA, Francesco. Programa do Curso de Direito Criminal – Parte Geral. volume I. Campinas: LZN, 2002.

_____. Programa del corso di diritto criminale. 11ª ed., 1924

CHAVES JÚNIOR, Edgard de Brito. Legislação penal militar. 5ª ed., Rio de Janeiro: Forense, 1994.

DELMANTO, Celso e outros. Código Penal Comentado. Rio de Janeiro: Renovar, 2000.

DIREITO PENAL BRASILEIRO. Brasília: Editora Senado Federal, 2003

FERNANDES, Diogo Cunha Lima. Hermenêutica entre o excesso da legítima defesa no Direito pátrio comparado ao Ordenamento Jurídico Português. Jus Vigilantibus, Vitória, 4 ago. 2003. Disponível em: <http://jusvi.com/doutrinas_e_pecas/ver/330>. Acesso em: 17 mar. 2006.

FILHO, Inacio Belina. Legítima defesa – algumas nuances sobre o instituto. Disponível em: <http://www.direitonet.com.br/artigos>. Acesso em 18/10/2006

FRAGOSO, Heleno Cláudio. Lições de Direito Penal – A Nova Parte Geral. 7ª ed., Rio de Janeiro: Forense, 1985.

FRANCISCO CAMPOS. Ministro, Exposição de motivos. Código Penal Brasileiro.

HUNGRIA, Nelson. Comentários ao Código Penal. Volume I. tomo II. Rio de Janeiro: Forense, 1958.

JESUS. Damásio Evangelista De, Direito penal, parte geral. 1° vol., São Paulo: Saraiva, 1978

LEITE, Gisele. Considerações sobre legítima defesa. Jus Vigilantibus, Vitória, 23 abr. 2005. Disponível em: <http://jusvi.com/doutrinas_e_pecas>. Acesso em: 17 mar. 2006

LINHARES, Marcello Jardim. Legítima Defesa. 4ª ed., revista., atualizada e aumentada - Rio de Janeiro: Forense, 1992.

MAURACH, Reinhart. Tratado de derecho penal. Barcelona, 1962

MIRABETE, Júlio Fabrini. Manual de Direito Penal. 1º vol., 18ª ed. São Paulo: Atlas, 2002.

NELSON HUNGRIA e Heleno Cláudio FRAGOSO. Comentário ao código penal. Vol. I tomo 2°, 5ª ed., Rio de Janeiro: Forense

NORONHA, E. Magalhães. Direito Penal. Volume I. São Paulo: Saraiva, 2003.

NUCCI, Guilherme de Souza. Manual de direito penal: parte geral: parte especial – São Paulo : Editora Revista dos Tribunais, 2005.

PEREIRA, Adilson Martins. Legítima defesa. Monografia orientada pela Profª Rosa Maria N. ABADE. Guarulhos: Ung, 2004.

1ª CÂMARA CRIMINAL DO TRIBUNAL DE APELAÇÃO. Apelação criminal n° 23.239. MG. Fonte: Revista Forense.

REVISTA TRIMESTRAL DE JURISPRUDÊNCIA. Recurso extraordinário n. 59.690. STF: relator Ministro Victor Nunes.

SCHÖNKE-SCHRÖDER, Strafgesetzbuch, Kommentar. Verlag C. H. Beck, München, 1978

SERVIDONI, André Renato. Legítima defesa e estado de necessidade. Disponível em: <http://www.revistajuridicaunicoc.com.br.> Acesso em 01/09/2006

TOLEDO. Assis, 2001

TRIBUNAL DE ALÇADA CRIMINAL DE SÃO PAULO. Jurisprudência, 19/44

VENZON, Altair. Excesso na legítima defesa. – Porto Alegre: Fabris, 1989

ZAFFARONI, Eugenio Raúl e PIERANGELI, José Henrique. Manual de Direito Penal Brasileiro – Parte Geral. 4ª ed., São Paulo: Revista dos Tribunais, 2002.

18. Notas

[1] Luis JIMÉNEZ DE ASÚA. Tratado de derecho penal, p. 26

[2] Celso DELMANTO. Código penal comentado.

[3]Vitorino Prata CASTELO BRANCO. Direito penal: parte geral, p.145

[4]Enrico ALTAVILLA. Trattado de diritto penal. Florian, 1934, lib. II, p.56. Apud Vitorino Prata CASTELO BRANCO. Direito penal: parte geral, p.145.

[5]Nelson HUNGRÍA Comentários ao código penal, p.160.

[6]BÍBLIA SAGRADA. São Paulo: Edições Paulinas, 1998.

[7]LA MEDICA. O direito de defesa. Tradução de Paolo CAPITANIO, Campinas: Bookseller, 1996,p. 19

[8] LA MEDICA, op.cit. p.19

[9] LA MEDICA, o direito de defesa. op. cit., p. 20

[10] LA MEDICA, o direito de defesa. op. cit., p. 21

[11] Marcello Jardim LINHARES. Legítima. defesa. p. 51

[12] Marcello Jardim LINHARES. op. cit. p. 51

[13] LA MEDICA, op. cit. p. 25-26

[14] SCHÖNKE-SCHRÖDER, Strafgesetzbuch, ` Kommentar, Verlag C. H. Beck, München, 1978. Apud Marcello Jardim LINHARES. op. cit. p. 53

[15] Reinhart MAURACH. Tratado de derecho penal, Barcelona, 1962, apud Marcello Jardim LINHARES. op. cit. p. 53

[16] Marcello Jardim LINHARES. Legítima. defesa. op. cit. p. 53

[17] SAUER Apud Marcello Jardim LINHARES. op. cit. p. 53

[18] Marcello Jardim LINHARES. Legítima. defesa. op. cit. p. 55.

[19] Marcello Jardim LINHARES. Legítima. defesa. op. cit. p. 55.

[20] Adilson Martins PEREIRA,. Legítima defesa. monografia orientada pela Profª Rosa Maria N. ABADE., Guarulhos: Ung 2004. p. 41

[21]. Marcello Jardim LINHARES. Legítima. defesa. op. cit. p. 63

[22]Cândido Mendes de ALMEIDA. Código filipino ou ordenações e leis do reino de Portugal. Rio de Janeiro: 1870, citado por Marcello Jardim LINHARES. op. cit. p.89

[23] Marcello Jardim LINHARES. op. cit. p. 90

[24] Art. 14 do Cód. Criminal do império – Apud Marcello Jardim LINHARES. op. cit. p. 90

[25] Marcello Jardim LINHARES. op. cit. p. 91

[26] Marcello Jardim LINHARES. op. cit. p. 92

[27] Direito Penal Brasileiro. Brasília: Editora Senado Federal, 2003, p. 452 apud André Renato SERVIDONI. http://www.revistajuridicainicoc.com.br. acesso em 04 de set/2006

[28] Ministro Francisco Campos. Exposição de motivos. apud. André Renato SERVIDONI op.cit.

[29] André Renato SERVIDONI,op. cit.

[30]Heleno Cláudio FRAGOSO, 2004, p.175. apud Inacio Belina FILHO. Legítima defesa – algumas nuances sobre o instituto.em: direitonet.com.br(artigos/x/24/63/2463) acesso em 18/10/2006.

[31] Inacio Belina FILHO. op. cit

[32] Inacio Belina FILHO. op. cit.

[33] Inácio Belina FILHO. op. cit.

[34] Inácio Belina FILHO. op. cit.

[35] Assis TOLEDO, 2001, p.85 Apud Inácio Belina FILHO. op. cit.

[36]Inácio Belina FILHO. op.cit.

[37] Inácio Belina FILHO. op. cit.

[38] Inácio Belina FILHO. op. cit..

[39] Inácio Belina FILHO. op. cit.

[40] Art. 25 do Código penal brasileiro. Apud Altair VENZON, op. cit. p.45

[41] Vicente de Paula Rodrigues MAGGIO. Direito penal parte geral 1º a 120. p.153

[42] Celso DELMANTO, Código Penal comentado.p.49.

[43] Vicente de Paula Rodrigues MAGGIO, op. cit. p. 153.

[44] Altair VENZON. op. cit. p. 45

[45] Altair VENZON. op. cit. p. 46

[46] Fernando CAPEZ. Apostila curso de direito penal á distância, Módulo VI, São Paulo: Complexo Jurídico Damásio de Jesus,. p. 7

[47] Guilherme de Souza NUCCI. Manual de direito penal: parte geral: parte especial – São Paulo : Editora Revista dos Tribunais, 2005.p. 235.

[48] Fernando CAPEZ. Apostila curso de direito penal á distância, Módulo VI, São Paulo: Complexo Jurídico Damásio de Jesus, p. 6

[49] Altair VENZON. op. cit. p.41.

[50] Altair VENZON. op. cit. p. 43.

[51] Revista trimestral de jurisprudência. Recurso extraordinário n. 59.690, STF, relator Ministro Victor Nunes, apud Altair VENZON, op. cit. p. 42.

[52] Tribunal de Alçada Criminal de São Paulo. Jurisprudência, 19/44 apud Altair VENZON, op. cit. p. 42.

[53] Júlio Fabrini MIRABETE, Manual de direito penal, p. 191

[54] Fernando CAPEZ. op. cit. p. 7

[55] Gisele LEITE. Considerações sobre legítima defesa. op. cit..

[56] Celso DELMANTO. op. cit. p. 49

[57] Diogo Cunha Lima FERNANDES. Hermenêutica entre o excesso da legítima defesa no Direito pátrio comparado ao Ordenamento Jurídico Português.

[58] Diogo Cunha Lima FERNANDES op. cit.

[59] Diogo Cunha Lima FERNANDES. op. cit.

[60] Diogo Cunha Lima FERNANDES. op. cit.

[61] Gisele LEITE. op. cit.

[62] Eugenio Raúl ZAFFARONI e José Henrique PIERANGELI. Manual de Direito Penal Brasileiro – Parte Geral, 4a edição. São Paulo: Revista dos Tribunais, 2002. Apud André Renato SERVIDONI. op. cit.

[63] André Renato SERVIDONI. op. cit..

[64] André Renato SERVIDONI. op. cit.

[65] Francesco CARRARA. Programa del corso di diritto criminale, 11ª ed., 1924 apud Altair VENZON, op. cit. p. 65.

[66] Altair VENZON, op. cit.

[67] Recurso Extraordinário n. 21.112. Supremo Tribunal Federal: Revista dos tribunais 240/647.apud Altair VENZON, op. cit.

[68] Damásio De JESUS. Direito penal, parte geral, apud Altair VENZON, op. cit. p. 66.

[69] Altair VENZON. op. cit. p. 66.

[70] Nelson HUNGRIA e Heleno Cláudio FRAGOSO. Comentário ao código penal, p. 594. Apud Altair VENZON, op. cit. p. 54.

[71] Altair VENZON. op. cit. p. 55.

[72] Ibid, p. 55.

[73] Marcelo Jardim LINHARES. Legítima defesa, p. 255 apud Altair VENZON. op. cit. p. 55.

[74] 1ª Câmara Criminal do tribunal de apelação. Apelação criminal n° 23.239 – MG. Fonte: Revista Forense. Apud Altair VENZON. op. cit. p. 77.

[75] 3ª Câmara criminal do tribunal de apelação. Apud Altair VENZON. op. cit. p. 77/78.

[76] Altair VENZON. op. cit. p. 89.

[77] STF. Diário da Justiça, 16.10.1978. Relator Min. Soares Muñoz. Apud Altair VENZON. op. cit. p. 75

[78] Edgard de Brito CHAVES JÚNIOR. Legislação penal militar.p. 28.

[79] Edgard de Brito CHAVES JÚNIOR. op. cit. p. 28

[80] Edgard de Brito CHAVES JÚNIOR. op. cit. p. 28

[81] Edgard de Brito CHAVES JÚNIOR. op. cit. p. 28

www.ingramcontent.com/pod-product-compliance
Lightning Source LLC
Chambersburg PA
CBHW071801170526
45167CB00003B/1117